JN437803

저 너머

박호영

서울 출생. 1979년 〈조선일보〉 신춘문예 평론 당선. 《시와시학》을 통해 시인 등단. 시집 『오두막집에 램프를 켜고』 『그대 아직 사랑할 수 있으리』 『바다로 간 진흙소』, 평론집 『몽상 속의 산책을 위한 시학』 『무명화를 위한 변명』, 저서 『한국현대시인논고』 『서정주』 『한국근대기 낭만주의 전개 연구』 『현대시 속의 문화 풍경』 『한국현대시의 층위와 진폭』 『그대 시를 사랑하리』(공저) 등 출간. 현재 한성대학교 명예교수.

bakhoy@hanmail.net

저 너머

—

초판1쇄 2019년 7월 22일

지은이 박호영

펴낸이 김영재

펴낸곳 책만드는집

—

주소 서울 마포구 양화로3길 99, 4층(04022)

전화 3142-1585·6

팩스 336-8908

전자우편 chaekjip@naver.com

출판등록 1994년 1월 13일 제10-927호

* 이 책은 강원도 강원문화재단 후원으로 발간되었습니다.

—

ISBN 978-89-7944-697-5 (04810)

ISBN 978-89-7944-354-7 (세트)

책 만 드 는 집 시 인 선 129

저 너머

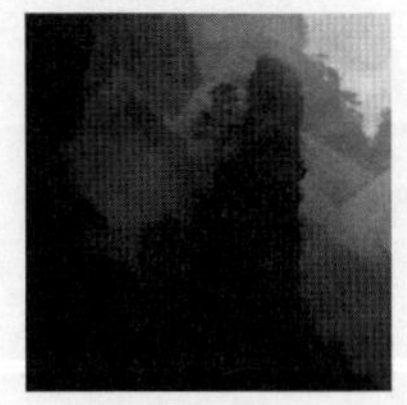

박호영 시집

책만드는집

| 시인의 말 |

네 번째 시집을 낸다. 이번 시집에는 내 나름의 죽음 의식이 반영된 시들이 많은 비중을 차지하고 있다. 적지 않은 나이가 되고 보니 자연스럽게 그렇게 된 것 같다. 언제 내게 죽음이 찾아올지 모르지만, 지금까지의 삶을 성찰하면서 나의 영혼이 좀 더 맑아진 상태에서 '저 너머'의 세상으로 가고 싶다. 이 시집을 읽은 다만 몇몇의 독자라도 '웰 다잉'에 도움을 받았으면 하는 마음이다.

—2019년 7월 江陵 宜山齋에서

박호영

| 차례 |

2부

3부

4부

1부

풀 한 포기의 절

그 옛날 부처께서 길을 가다가
어느 곳을 가리켜 절을 짓고 싶다 하니
거기에 풀 한 포기 꽂으며
절을 다 지어놓았다고
응수한 이도 있었다는데
하기야 절이 어디 따로 있는 것인가
마음 안에 절이 있으면
수시로 그 절을 드나들며
불공을 드릴 수 있는 것이요
마음 밖에서는 절뿐만이 아니라
어떤 화려한 집도 집이 아닌 것이니

천화遷化*

–故 강월도** 작가에게

그대 목선을 타고 떠난다고 했지
장작과 기름과 술을 싣고
취중에 바다 한가운데서 불을 질러
하늘로 불이 되어 날아오를 거라 했지
이제 생각해보면 그대는
이 세상 살아온 흔적을 남기지 않는
깨끗한 승천을 꿈꾸었던 거야
비록 그대 목선을 구하지 못하여
제주 가는 배 위에서 바다로 몸을 던졌지만
그대는 예전에 고승들이 바라던
천화가 어떤 것인가를 보여주었네
홀로 캄캄한 바다로 들어가
예순일곱의 삶을 마친 그대만의 장례가
천화가 아니고 무엇이었으리
그러나 죽음의 그 순간
그대 오랜 고독과 병마에서 벗어나

비로소 자유로운 영혼이 되어
소원대로 가볍게 하늘로 올랐으리
미련 없이 영원의 세계로 높이 날아갔으리

* 임종을 앞둔 고승이 홀로 깊은 산속을 향하여 걸어 들어가서 생을 마치는 것.

** 1936-2002. 극작가이자 시인, 철학 교수. 파킨슨병에 걸린 그는 2002년 8월 21일 밤 제주로 가는 페리호에서 몸을 던져 생을 마감했다. 그의 시신은 50여 일 후에 울릉도 근해에서 발견되었다.

콧구멍을 들여다보지 못하네

부처와 수보리須菩提*의 문답을 보면
수미산이 아무리 높아도
하늘 아래에 있고
하늘은 콧구멍 속의 미진微塵이라 했거늘
거울 없는 중생들이
자기 콧구멍을 들여다보지 못하네

* 석가모니의 10대 제자 중 한 사람.

월인천강月印千江 1

달이 이 강 저 강 빛을 뿌리고 있다
가뭄에 물줄기가 약해진 샛강에도
어김없이 달빛은 뿌려진다

달의 공덕을 받은 강들은
이 세상 어둠을 헤치며
바다에 다다를 때까지 웅얼거린다

모든 것은 언젠가 스러진다고
스러진 속에서 다시 태어난다고
저 나름의 설법을 하고 있다

우리의 손이 닿을 수 없는 곳에서
시방 강물의 소리를 들으며
달은 밝게 웃고 있다

월인천강 2

당신께로 가는 길이
이렇게 먼 줄 몰랐습니다
언제나 환히 길을 비추시기에
그 길을 따라 걸어가기만 하면
이내 당신을 만나는 줄 알았습니다
그러나 걷다 보니 길은
두 갈래 세 갈래로 갈라지고
어느 길이 정녕 가야 하는 길인지
분간할 수가 없었습니다
당신은 항상 그 자리에 계신데
나만 헤매고 있었습니다
너무 늦었지만 이제라도
길을 찾아야 할 것 같습니다
어디선가 부는 한 줄기 바람이
서둘러 가라고 등을 떠밀고 있습니다

무애無碍

구름 속에 새들이 있는데
하늘은 새들을 감싸려는 듯
끝내 구름을 걷지 않는다
걸림이 없는 마음을 지닌 자만이
구름 속을 날고 있는
새들의 자유를 본다

월정사 전나무 숲을 찾아서

삼월이 와도 겨울은 끝나지 않았다
문득 그대 부르는 소리 들려
추위에 한껏 몸을 움츠리고
구부정히 그대를 찾아간다
그동안 이곳에 와도
무심히 지나치기를 몇 번이던가
이제야 비바람을 견뎌낸
그대의 거친 피부가 보인다
오랜 세월 꼿꼿함을 위해
미처 추스르지 못한
그대의 살과 뼈도 보인다
아직도 봄이 멀었다는 소문 속에서
나는 오늘 비로소
그대의 무정설법無情說法과 마주하고 있다

겨울 두타산

한겨울 중천에 뜬 달
차갑지 않고
계곡 사이 분주한 바람 소리
소란하지 않다
법신法身과 법음法音을
만나고 있는 지금
산중에 나를 둘러싼 두두물물이
모두 명징한 거울이다

황홀恍惚

마음속이 빛으로 가득하다가
순간 사라진다
그러기를 반복한다
빛이 없을 때
어둠이 빛을 떠받치니
빛은 더욱 밝아져
나의 마음을 비춘다
빛과 어둠의 드나듦이 만든
포용의 눈부심
진정 황홀하다

터럭 한 잎 걸머지고

–故 최명길 시인에게

산이 부르는 소리가 들려
설악 깊은 곳 찾아 정좌하셨는가
그대 말씀대로
터럭 한 잎 걸머지고
우주 속으로 들어가셨는가
오월의 녹음 향그러운데
그대 홀연 자취 없고
그대가 남겨놓은
맑은 그림자의 시들만
청음淸音으로 곳곳에 남아 있네
그러나 죽음이란 없는 것
다만 다른 삶의 길이 있을 뿐
이제 진정 콧구멍 없는 소*가 되어
풀피리 불고 한바탕 춤이나 추며
훨훨 정토淨土의 길 가소서

* 최명길 시인의 시집 제목.

중도中道

있고 없음을 누가 가를 수 있겠는가
있는 것 항시 있을 수 없고
없는 것 언제나 없는 것 아니다
내가 가진 것들 탁탁 털어보니
있던 것들 많이 자취를 감추고
없던 것들 뜻하지 않게 내 곁에 있다
돌이켜보면 나 얼마나
있고 없음에 치우친 삶을 살았던가
새삼 빈 배에 달빛만 싣고 온다*는
어옹漁翁의 마음을 헤아리게 된다

* 월산대군 시조의 한 구절 "무심한 달빛만 싣고 빈 배 저어 오노라" 에서 차용.

미혹迷惑

지난해에는 파릇한 새싹에
눈길이 가더니
올해는 꽃잎 지는 소리에
귀를 기울인다
있다가도 없고, 없다가도 있는
새싹과 꽃잎인데
흔들리며 따라가고야 마니
이 무슨 집착이던가
여래如來를 가까이하기에는
나 아직 멀고 멀었다

아름다운 적멸寂滅

벚꽃 떨어지고 있다

소리 없이 가는 하얀 적멸

한 순간의 삶에도 아무 미련 없으니

땅 위에 누운 모습마저 아름답다

소공조巢空鳥와의 만남

꿈에 내가 살던 집이 없어졌다
집은 공중으로 이리저리 떠다녔다
나는 집을 잡기 위해 애를 썼지만
잡으려고 하면 집은 더 멀리 달아났다
갑자기 집 없는 신세가 된 나는
앞으로 어떻게 살까 걱정하며
집 있던 곳에 주저앉았다
그곳은 어느새 묵정밭이 되어 있었다
어디에선가 허공을 둥지 삼고 산다는
소공조 한 마리가 내게 날아들었다

나를 만나보셨는지요

나를 만나보셨는지요
지금까지 나의 깊숙한 곳에 처박아둔,
내가 가야 할 길을 가지 않고 방황할 때
안타깝게 나를 지켜본,
나를 한 번만이라도 만나려고 하셨는지요
내 안에는 백지 상태의 내가 있습니다
살아오면서 어려운 삶에 상처 입고
살기 위해 적당히 세상에 타협하느라
이 모습이 정말 나일까 할 정도로
내가 많이도 낯설게 변했지만,
빨리 만날수록 좋은 또 하나의 내가
나를 기다리며 내 안에 있습니다
이제는 지금의 나를 잊으시고
본래면목本來面目의 나를 만나보시죠

2부

동강할미꽃*

–동강할미의 말씀

그대들 동강에 오거든
내 얼굴만 보고 가지 말고
내 매무새만 살피다가 돌아서지 말고
슬픔과 한숨만 그득한 이 땅에서
툭하면 비바람 몰아치는 이 차가운 땅에서
왜 내가 뼝대**에 허리를 곧추세우고 있는가
왜 고개가 무거워도 땅으로 떨구지 않고
하늘을 향해 들고 있는가
이 할미의 심지心志를 조금이라도 헤아리고 가게

* 기존 발표 작품의 일부를 수정함.
** '절벽'을 뜻하는 강원도 사투리.

목민심서牧民心書를 읽다 1

복사뼈에 구멍이 세 번이나 날 만큼
오랜 동안 몸을 바르게 하고
까닭 없이 죽어가는 여린 생명들
살릴 길 없을까 궁리궁리하는데
배소配所의 찬 바람은 끝내 그치지 않는가
어느 사이 문틈으로 새어 나오는
목마른 기침 소리

목민심서를 읽다 2

해를 보지 않고
고개를 숙인 해바라기가 있다
달을 만나지 않고
저녁부터 시든 달맞이꽃도 있다
이 역천逆天의 삶으로 시달리는 무리 속에
웃음도 잊고 울음도 잊은 채
하릴없이 애만 타는 한 사나이가 서 있다

지심도 동백

동백꽃 보러 지심도 갔더니
꽃은 온데간데없고
붉은 마음만 잎 잎마다 매달려 있네
어떤 사람들의 이루지 못한
애틋한 사랑일까
그 마음 섬을 벌겋게 물들이고
저 멀리 바다까지 퍼져
아득한 그리움으로 반짝이네

심중유산心中有山

일흔 삶에 이르러 바라보는 산은
더욱 깊고 그윽하다
더러 산새들은 날갯짓하며 날고
계곡 물소리 초목들을 깨우기도 하겠다
누군가 산경을 찾아 헤매기도 하리
멀리 떨어진 누옥陋屋에서도
눈을 감으면 생생한 풍경
마음속에서도 그득한데
굳이 산으로 들어갈 까닭은 없으리

자적自適

격자무늬 창으로 들어오는
부드러운 양광陽光

김이 모락모락 나는
황토 화덕 위의 찻물

편안히 몸을 기댄
손때 묻은 흔들의자

밖에는 소슬히 떨어져
서로를 포개고 있는 낙엽들

이 충만한 은혜 속에 들리는
너는 가고 나는 머물러야 한다는
대니 보이*의 한 악절樂節

* 아일랜드 민요에 웨덜리(1848-1929)가 가사를 붙인 노래.

가난한 마을의 사람들

가난하게 사는 사람들을 생각한다
그들이 가난한 가운데서도 웃음을 잃지 않고
선한 눈빛으로 세상을 보는 모습을 생각한다
가난하지만 또 다른 가난을 도우려는
그 눈물겹도록 아름다운 마음씨를 생각한다

그들이 모여 사는 가난한 마을을 생각한다
산이 마을을 감싸 삶의 추위를 막아주고
인정仁情의 강이 끊임없이 흐르는
가난하지만 결코 가난하지 않은
그 마을의 여유와 행복을 생각한다

어느 양로원 앞길

양로원 앞길이 비질이 되어 있다
땅에 닿을 듯 허리가 굽은 노인 한 분이
매일같이 길을 쓸어놓으신다
주변의 지저분한 길과는 달리
이 길은 노인 덕분에 언제나 말끔하다
아무도 찾는 이가 없는 그 노인은
오늘도 손님 맞을 준비를 하듯
설레는 마음으로 비질을 한다

따뜻한 고독

인적 드문 공원의 오후
허름한 차림의 한 노인이
비둘기에게 모이를 주고 있다
일행을 잃었는지 비둘기도 홀로이다
비둘기는 모이보다는
노인의 외로움을 쪼아 먹는 것 같다
오래도록 노인 곁을 떠나지 않는다
노인도 그런 비둘기가 좋은지
모이 주기를 공양하듯 한다
서로의 보살핌이 수묵화 한 폭이다
저녁 어스름도 이들을 위해
천천히 내려앉고 있다

여행

아득히 떠 있는 섬도
마음이 다가서면
손에 잡힐 듯 가까운 섬이 된다

낯설고 험한 길도
꿈의 지도를 펼쳐놓으면
아름다운 꽃길이 된다

누가 말했던가
떠나지 않는 것이
가장 멀리 떠나는 것이라고

아뉴스 데이Agnus Dei*

꽃은 어제를 돌아보지 않는다
햇빛의 보살핌을 받았으면 받은 대로
비바람에 지쳤으면 지친 대로
어제에 감사하며 오늘 맨얼굴을 드러낸다

꽃은 내일을 꿈꾸지 않는다
날이 새면 그냥 가지에 있을 수도 있고
가지를 떠날 수도 있다고 생각한다
순명順命의 삶을 살기에 꽃은 아름답다

* '하느님의 어린양'이란 뜻의 라틴어.

교융交融

어느 애벌레의 아름다운 영혼인가
나비 한 마리 조심스레
호숫가 꽃 위에 앉는다

잔잔한 물을 들여다보며
전생前生을 거슬러 오르던 꽃이
나비를 마중한다

팔월의 뜨거운 태양 아래
나비와 꽃이 교접을 하고 있다
법열法悅의 순간이다

저 너머 1

산 너머 산이라고 했던가
내가 넘어야 할 산이 끝이 없네

건너야 할 강도 그 수효가 몇인지
연달아 내 앞을 가로막네

그러나 가야 하는 마음을
결코 접을 수 없는 곳

저 너머

저 너머 2

땅끝 저 너머엔 누가 살고 있을까
예전에 동네 아이들은 소꿉놀이를 하며
누구도 가보지 못한 저 너머의 세상을 얘기했다
이곳보다 훨씬 좋을 저 너머의 믿음은
허기와 고통을 견뎌내게 했고
아름다운 꿈을 꾸게 했고
내일을 기다리며 사는 힘이 되었다
그러나 어른이 된 지금
아무도 저 너머를 꿈꾸지 않는다
그곳은 다가갈수록 더 멀어지는
결코 갈 수 없는 곳이라는 것을 알았기에

이승의 고치

사람 사는 일이 있는 것도 아니고
없는 것도 아니라는 그 말씀
적지 않은 나이 되도록 살고 보니
몇 번이고 고개를 끄덕이게 되는데
이제 이쯤에서 모든 것 내려놓고
이승의 고치를 벗어나
저 세상으로 갔으면 좋으련만
나는 왜 점점 이렇게
고치 속에 깊숙이 웅크리려고 하는가

3부

네 모습이 내 모습임을

임계 과수원에서 사과를 사 왔다
주인이 덤으로 몇 개를 얹어주었다
그중에는 껍질이 쭈글쭈글한 것도 있고
저승꽃 핀 듯 여러 군데 거뭇한 것도 있었다
나는 이들을 버리려다가 다시 챙겼다
이 모습이 바로 내 모습이 아닌가
그런 생각이 불현듯 든 것이다
내 속에 또 다른 내가 있다는 것을
늦게나마 알고 있는 터인데
나의 밖에도 도처에 내가 있음을
깨닫게 된 어느 날의 일이다

심지心地

마음이 제자리를 찾으려 할 때에는
바람도 가다가 쉬어 가고
산도 메아리 없이 냉가슴을 앓는다
우주의 한구석 하찮은 미물이
생사의 덫에 걸려 부질없이 꼬물거리다
찰나에 사라지는 우리의 일생
만상萬象 또한 그럴진대
무엇이 그렇게 갖고 싶은 것이고
무엇에 집착을 할 것인가
알고 보면 주위의 모든 것들
얼마 안 있어 형체가 없어질 도반道伴이니
미움도 서러움도 깨끗이 털어내고
이제라도 제 마음을 찾아
내 갈 길을 가야 할 것 같다

얼음 시비詩碑를 위하여

만약 내가 이 세상을 떠난 후
나에게도 시비 하나가 허락된다면
내가 쓴 여러 시 중에서
가장 마음에 드는 시를 새긴
얼음 시비를 세워달라 부탁하리라
이 땅 어느 구석에 홀로 서서
고심한 감성의 흔적을 잠시 보이다가
이내 사라지는 언어들의 임리淋漓
그것만으로도 나는 만족하리
그러나, 정말 그럴 리는 없겠지만,
다른 시비를 세우는 것은 결코 사양하리라
눈길 주는 이 없는 폐품이 되어
쓸쓸히 낡아갈 것이 확실하기에

한 티끌의 삶

바람은 바람골로 쉬지 않고 불고
물은 물길 따라 끊임없이 흐른다
그들은 머무르지 않아
본성대로 자유롭고 깨끗하다
삶과 죽음도 마찬가지다
오래 살려고 해서 살아지는 것 아니고
죽겠다고 마음대로 죽는 것 아니다
애써 삶에 머무르려는 미련 버리고
바람처럼 물처럼
세월의 흐름에 몸을 맡기는 것
그것이 자연의 한 티끌로 돌아가는 길이다

경계 허물기

경계를 짓는다는 것은
나의 세계를 만드는 일이다
나를 나 아닌 자들과 구분하는 일이다
그 경계로 나는 외로워졌고
나만을 위하게 되었다
산과 산 사이에 무슨 경계가 있는가
겹치고 겹치면서 이어질 뿐이다
강과 강 사이에도 경계는 없다
만나면 두 물줄기가 합쳐 더 크게 흐를 뿐이다
우리가 만든 수많은 경계를 허물어야 한다
빛이 있기에 그림자도 있는 것이며
나 아닌 자들이 있기에 내가 있는 것이다
겨울 가뭄 속에 쾌청한 하늘
하얀 구름이 동서를 가로질러
유유히 흘러가고 있다

몽유도원夢遊桃源

어느 날 나는 꿈속에서
무언가에 끌리듯이 집을 나섰다
내가 찾아간 곳은 어릴 적 장설壯雪의 마을
나뭇가지마다 눈꽃이 달려 있고
대문 없는 집들이 고만고만 늘어서 있다
흐릿한 호롱불의 초가
아랫목에 놋주발의 밥 한 그릇을 묻어놓고
종일 손자를 기다리시던 할머니는
어둠 속에 아직도 거기 계시고
거뭇한 등피는 익숙한 모습으로 안온하다
나를 반기시며 어서 들어오라는 할머니
그 뒤에 오래전 세상을 떠나신
몇몇 낯익은 얼굴들도 손짓을 한다
정녕 이곳은 세월이 비켜 간 것일까
풍경도 사람도 변한 것이 하나도 없다
나는 들어서지 못하고 머뭇거린다

어쩔 것인가 결코 어울리지 못하는
낯선 이방인이 된 것을
나는 무거운 배낭을 그대로 짊어진 채
끝내 발길을 돌린다
다시 마을을 떠나 돌아오는 길
등 뒤로 하얀 적막이 나의 존재를 묻고 있다

세간世間의 늪

이제 몇 해 지나지 않으면 마음먹은 대로 해도 좋다는 나이가 되는데, 집 안을 둘러보니 살아오는 동안 늘어난 짐들이 너무나 많다. 세간살이를 버릴 줄 알아야 세간世間을 벗어날 수 있는 것인데, 한순간 머물다 떠나는 이 땅에서 이 무슨 미망迷妄이던가. 마음을 헤아리고 비우면 저세상에서도 편히 살 수 있다고 하거늘.

정식定植

아내가 열 평도 안 되는 작은 텃밭에
배추 모종을 심고 있다
우리 두 식구 먹을 거라고 한다
얼마 후 모종 심기가 다 끝나더니
아픈 허리를 펴고 일어나면서
나를 보고 활짝 웃는다
이미 잘 자란 배추가
아내 품 안에 가득하다
나는 김치 생각에 덩달아 입맛을 다신다

소라 속의 바다

사천 한여름의 바닷가
세 살 난 손자가
누군가 버린 소라 껍질 속에
바닷물을 담고 있다
뒤뚱뒤뚱 바다까지 걸어가선
조그만 장난감 그릇에 물을 떠서
소라 껍질에 조심스레 붓는다
걸어오는 동안
모래사장 위에 물을 거의 흘리지만
열심히 오고 가고 하다 보니
빈 소라는 바닷물로 채워진다
손자가 만든 소라 속의 바다
손자는 그의 바다를 천진스레 들여다보고
바다는 꿈의 세계를 손자에게 펼치고 있다
이제 손자의 바다는 소라 속에 있다
나의 바다는 어디에 있는가

너무 큰 바다를 가슴에 안으려다
삶의 황혼 녘에 다다를 때까지
한 움큼의 바다조차 갖지 못한 나를
쓸쓸히 돌이켜본다

겨울의 길목에서

나의 뜰에는 이미 가을이 가고 없다
힘없는 햇살은 가지만 남은 감나무
서넛 까치밥 위에 머물고 있다
좀 더 먼 곳을 바라보게 되는 시간
뭔가 모를 그리움이
한 마장쯤 성큼 다가선다
무작정 떠나는 여행을 꿈꾸지만
돌아와서 더욱 추워지는
마음의 빈터가 두렵다
저만치 바람에 몸을 맡긴 낙엽들
또 다른 삶을 찾아 죽음을 향하고 있는
그들만이 언제나 평화롭다

유랑流浪의 길 위에서

나 오늘도 길을 걷고 있네
어제는 유난히 밤이 길었고
잠도 오지 않았네
사방은 고요할 뿐
내 눈에 띄는 나무와 풀들은
내 귀에 들려오는 바람 소리 물소리는
더 많은 이야기를 속삭이네
아직도 거둬지거나 아물지 않은
기나긴 세월의 슬픔과 아픔
저들의 인어가 내 발길에 차이고 있네
어렴풋이 느껴지는 지상의 짧은 시간
비록 늦었지만
이제부터 주위를 사랑하기로 했네
낮은 곳에서 추위에 떨고 있는 것들
버림받아 버려진 것들
이 모든 것들에 따스한 손을 얹고 싶네

모슬포 소식

방어가 많이 잡히는 겨울이 되면
그는 늘 연락을 하곤 했다
그동안 잘 있었느냐고
아무 탈 없으면 됐다고
싱거운 안부를 전하는 그이지만
전화에 담긴 그의 목소리에는
싱싱한 바다 냄새가 났다
나는 그때마다
한번 꼭 내려가겠노라고
모슬포 포구에서 한잔하자고
건성으로 응답을 할 뿐
여러 해 그를 찾지 못했다
어느덧 그도 나도 해거름의 나이
나는 이제야 불현듯 깨닫는다
그가 나의 무심함을 탓하지 않고
잊지 않고 소식을 전한 것은

점점 살기 어려운 세상에 기죽지 말고
방어처럼 펄떡이며 살라는
간절한 당부였다는 것을

적요寂寥의 뜨락

바람 한 점 머물지 않는
하오의 고요 속에서
뜨락의 자작나무 한 그루 바라보고 있다.
어린 것 심어놓은 지 엊그제 같은데
많이 컸구나, 나는 늙어간 사이.
머지않아 너 남겨두고 나 떠나면
너는 또 누구를 위해 정갈한 몸매를 키울까.
너를 곁에 두게 된
너와 나의 인연에 감사하며
어느 날 조용히
그러나 결코 슬프지 않게
하직 인사나 했으면.

황혼 속의 추억

지나간 것들은
내게서 떠난 것이 아니다
푸르게 우뚝 선 고향의 미류나무
어릴 적 신나게 내달리던 신작로
사랑하던 소녀 집의 풍금 소리
몇십 년 전 나를 들추어보면
이런 고운 추억의 입자들이
먼지를 풀풀 털고 일어서는데
어찌 지난 것들이 떠나갔다고 할 수 있으랴
그들은 이 세상 건너편에 있는 것이다
오래잖아 돌아올 나를 기다리는 것이다
이제 곧 어둠이 내릴 것 같은
저녁의 끄트머리에 나는 홀로 서 있다
그들과의 만남을 생각하며
정녕 외롭지 않은 채로

어느 문병問病

발길 무거운 문병을 갑니다
얼마 살지 못한다고 진단이 내려진
친구의 문병입니다
의사는 슬픔에 잠긴 가족들에게
마음의 준비를 하라고 했답니다
그 친구를 만나 무슨 위로의 말을 할까
딱히 생각이 나지 않습니다
사실 할 얘기가 있기는 합니다
죽음은 또 다른 새로운 삶의 시작이라는
그 말을 하고 싶습니다
죽음으로 모든 것이 끝나는 것이 아니라
거듭남을 믿게 해주고 싶은 것이죠
그러나 자신이 시한부 생명이라는 것을
아직도 모르고 있는 그에게
죽음은 차마 하지 못할 말입니다
끈질기게 붙잡고 있는 희망의 끈을

놓아버리게 하는 잔인한 말입니다
그래서 나는 그에게 다가온 죽음을 알지만
꼭 병을 이겨낼 것이라는 말
희망을 잃지 말라는 말
이런 거짓된 말만 할 것 같습니다
병실이 왜 이렇게 먼지 모르겠습니다

4부

불찰不察

입동 지나
집 앞 감나무에서 떨어진
감잎 하나

잎맥 사이 새겨진
무수한 비바람과 햇빛의 자취

내 곁에 있어도
미처 살피지 못했던
감잎의 일생

입춘

겨울 지나 봄이 왔다고
새들은 소리 내어 나를 깨우고

산수유, 매화는 봄의 향기를
문틈으로 들여보낸다

인동忍冬의 고난이
그들이라고 없었을까

남을 먼저 생각하는
순수하고 따뜻한 문안問安

어느 때부터인지
그저 고맙고 고마울 뿐이다

사무곡士武谷에서

삼척군 신기면 대평리
길 아닌 길을 헤쳐 가면 만나는
허물어질 듯한 굴피집 한 채

적어도 한 세기는 넘지 않았을까
흙벽에 매달려 있는
호롱이며 멍석이며 농기구들
세월의 때를 뒤집어쓴 채
땅에 묻히기를 기다리고 있는데

굴피집 지키는 노인 한 분
쓸쓸한 귀소歸巢의 실루엣이 되어
먼 하늘만 바라보고 있다

눈길을 걸으며

누구도 들어서지 않은
눈 내리는 숲길을 걸어간다
순백의 화판花瓣에 낙인을 찍듯
걸음마다 어지러운 발자국을 남긴다
얼마 후 뒤를 돌아보니
펄펄 내리는 눈이
염치없는 나의 회사繪事를 덮어
지나온 흔적 하나 없다
눈은 나더러 마음 쓰지 말고
그냥 앞만 보고 걷기나 하라 한다

곁

태생을 따지자면
몸통과 팔 사이인 겨드랑이다
그만큼 가깝고 따스한 곳이다
그러나 누가 먼저 다가가지 않고
누구에게 내맡긴 적도 별로 없어
그곳은 있는지조차 모르는
아주 낯선 곳이 되었다

눈 내리는 바닷가에서

하얀 파도가 밀려오는 바다
눈이 하염없이 내리고 있다
눈은 이 땅의 검은 먼지를 껴안고
하얗게 죽어 쌓이고 있다
저 수많은 순교殉敎의 사제들은
무슨 사명을 띠고 오는 것일까
사람들은 비로소 맑은 숨을 쉬면서
눈 내리는 바닷가에서
환희와 광란의 축제를 벌인다
눈의 주검들이 무참히 밟히고 있다
사람들 마음속의 검은 먼지는
언제 깨끗이 씻겨 나갈 것인가

슈퍼문 소동

우리가 보는 달이 작다는 것인지
몇십 년 만에 나타나는
슈퍼문을 보겠다고
지구촌 곳곳이 난리이다

달은 오랜 세월 속에서도
그 달 그대로이고
이 세상에 가까이 다가오면
크게 보이다가 사라지는 것인데

속세의 사람들이여
달도 커야 성이 차는가
한 개의 작은 먼지 속에도
시방세계가 들어 있다고 하거늘

우리가 사는 세상

어릴 적에는 별 하나 별 둘
밤하늘의 별들을 쳐다보며
그렇게 별을 세던 때가 있었습니다

그때는 장대 들고 망태 메고
뒷동산 달을 따러 가자고
목청껏 노래를 부르기도 했습니다

별과 달은 그런 우리를 내려다보며
포근한 미소로
우리의 꿈이 되어주었습니다

그러나 이제 웬만한 별들은
혼탁한 세상에 마음이 상해서인지
하늘에 나타나지 않습니다

아무리 달을 쳐다보아도
옥토끼가 방아 찧는 모습을
우리는 볼 수 없습니다

우리의 마음속에 심지 못한
달과 별이 점점 멀어지는
그런 세상에 우리가 살고 있습니다

숲의 월동越冬

추위는 틀림없이 숲에도 찾아올 것이다
나무들은 앞으로 예감되는 큰 고난에 대비해
무성한 잎들을 냉정히 떠나보내고
뿌리를 조금 더 땅 밑으로 내린다
그들에게 겨울나기란 비장한 의식
섣부른 생존 태세는 허락되지 않는다
그들이 최대한 몸집을 줄이는 것도
겨울눈을 부드러운 털로 감싸는 것도
모두 그 나름의 심산心算이 있어서이다
아마 그들은 단단한 무장을 하였기에
이번 겨울도 무사히 보낼 것이다
그리고 한 줄 나이테를 더한 중량으로
이 숲의 전설을 더욱 깊게 키울 것이다

여름의 끝머리에서

꿈에 부푼 여름의 휴식은
큰비와 더위 속에 덧없이 지나가고
이제 사람들은 피서지를 떠나
집으로 돌아갈 무거운 짐을 챙긴다
아마도 그들은 다가올 가을을 기다리며
서늘한 바람을 맞으려
집의 문을 사방으로 활짝 열어놓을 것이다
그러나 그 바람이 과연 그들을 찾을 것인가
기대에 어긋난 여름처럼
어쩌면 바람은 불지 않거나
태풍으로 몰아쳐 문들을 부술지 모른다
가을다운 가을을 맞는다는 것은 행운이다
요즘 들어 예기치 않은 일들이 부쩍 늘었다
새삼 모든 일이 우리의 뜻이 아니고
그분의 뜻임을 깨닫는다

눈물

눈에 보이는 눈물만이
눈물은 아니다
너무 슬프거나 마음이 아프면
가슴 깊이 스며들어
일생을 그 속에서 흘러내리는
보이지 않는 눈물도 있다

눈물이라고 다 눈물이 아니다
곡비哭婢의 눈물처럼
눈물 아닌 눈물도 있고
차마 지워질 수 없어
하얀 눈물꽃의 흔적으로 남는
간절한 눈물도 있다

눈물은 순수의 결정結晶이다
진정한 눈물에는 영혼이 담겨 있다

그러기에 하느님도 눈물 앞에선
천국의 문을 연다

* 기존에 발표한 시에서 마지막 연 두 행을 삭제함.

노을 속의 참회

땅에 떨어져 죽어 많은 열매를 맺는
하나의 밀알이 되게 하소서
한 알 그대로 있으려는
밀알의 존재가 되지 않게 하소서
산등성이를 넘는 노을을 바라보며
요한복음을 읽는 저녁답
지금껏 살기 위한 삶에 치우친
저의 어리석음을 진실로 참회합니다

감사하기에 행복합니다

나보다 잘난 사람들이 있으면
그들이 있어 내 삶이 넉넉한 것이기에
감사하다고 생각하세요
가난과 질병으로 고통받는 사람들이 있으면
그들이 내가 겪을 고통을 대신하고 있어
감사하다고 생각하세요
이 세상 모든 것들은
내가 있기에 존재하고 있습니다
나의 또 다른 모습들입니다
그들이 있어 나는 외롭지 않습니다
그들이 나를 일으키고 깨우쳐줍니다
감사할 수밖에 없는 까닭이지요
범사에 감사하라는 하느님의 뜻을
새삼 가슴에 되새기는 행복한 아침입니다

선종善終을 위한 기도

– 세리카와 교수에게

칠십 중반의 늙은 제자가
죽음을 앞둔 스승의 병실을 찾는다
한평생 서책 속에만 파묻혔던 스승은
이미 의식이 거의 없다
제자는 스승의 야윈 손을 잡으며
나직이 "선생님" 하고 불러본다
그 부름이 스승의 가슴에 닿았는지
그는 잠깐 잔잔한 미소를 짓는다
제자는 고개를 돌려 눈물을 흘리며
수고를 그치고 이제 쉬리라*는
성경의 말씀을 떠올린다

* 요한계시록 14장 13절의 구절.

삶의 수칙守則

어느 고승의 말씀처럼
사람의 목숨이 호흡 사이에 있거늘
늘 우리 곁에 있는 죽음을 두고
재물을 내세우고 좋은 집을 자랑하는
어리석음을 저질러선 안 된다
우리가 어제 머무른 곳이
쪽방이건 고대광실이건
어제의 빈부貧富는 이미 지나간 것
오늘을 맞이하는 우리는 모두 평등하다
또한 오늘도 순식간에 어제가 된다
그러므로 우리가 정작 할 일이란
어제를 무사히 보낸 것에 감사하고
우리 앞에 오늘이 놓인 것을
겸허히 받아들이는 것이다
이 세상 삶의 안식과 평화는
그렇게 하루하루를 보내는 자의 몫이다

| 해설 |

'너머'를 상상하며 경계를 지워가는 무변無邊의 상상력

유성호 문학평론가·한양대학교 국문과 교수

1. 심층적 세계의 고요와 집중과 평화

박호영 시인의 네 번째 시집 『저 너머』는, 일상적으로 느끼고 생각하며 살아온 세계의 '너머beyond'를 예감하고 통찰한 잔잔하고도 진중한 사유의 결실이다. 시인은 이례적으로 '시인의 말'에서 "이번 시집에는 내 나름의 죽음 의식이 반영된 시들이 많은 비중을 차지하고 있다"며 "나의 영혼이 좀 더 맑아진 상태에서 '저 너머'의 세상으로 가고 싶다"라고 말함으로써 이번 시집의 무게중심이 어디를 지향하는지 명료하게 알렸다. 말하자면 삶의 '너머'에 있는 죽음의 세계, 육신의 '너머'에 있는 영혼의 세계를 짧고 단아한 서정시로 담아내려는 남다른 의지를 밝힌 것이다. 그만큼 이번 시집은 테마의 집중성이 확연하고 나아가 박호영 시학의 인식론적 진경進境을 진정성 있게 담은 미학적 성취라고 할 수 있다. 표층적 세계의 소란과 산만과 불안을 넘어 심층적 세계의 고요와 집중과 평화를 택하고 있는, '너머'를 상상하며 무수한 경계를 지워가는 무변의 상상력 속으로 한 걸음씩 들어가 보자.

2. 인간 존재의 기원이자 궁극으로서의 '마음'

먼저 박호영 시인의 시선과 필치는 우리의 '마음'을 향하고 있다. 여기서 '마음'이란 모든 현상이나 사물을 발원케 하는 근원origin이자, 소소한 일상적 소망으로부터 형이상학적 열망까지 가능하게 해주는 존재론적 거소居所를 말한다. 수많은 시공간에서의 경험과 기억을 사람들은 '마음'에 담아 보존함으로써 새로운 '마음'으로 이월해간다. 박호영 시인은 서정시 본래의 시간예술적 속성을 섬세하게 구축하면서 인간 존재의 기원을 유추하게끔 하는 형질로 이러한 '마음'을 노래한다. 이는 서정시가 오랫동안 쌓아온 실존적 기율이기도 하겠지만, 특별히 박호영의 시에서는 견고한 현상학을 통해 자신만의 철학적, 미학적 차원을 구축해가고 있다. 다음 작품을 먼저 읽어보도록 하자.

일흔 삶에 이르러 바라보는 산은
더욱 깊고 그윽하다
더러 산새들은 날갯짓하며 날고
계곡 물소리 초목들을 깨우기도 하겠다
누군가 산경을 찾아 헤매기도 하리
멀리 떨어진 누옥陋屋에서도
눈을 감으면 생생한 풍경
마음속에서도 그득한데
굳이 산으로 들어갈 까닭은 없으리
—「심중유산心中有山」 전문

불가에서 이르는 '일체유심조一切唯心造'라는 말은 "사람이 삼세일체불을 알려면 마땅히 법계의 본성이 모두 마음의 짓는 바에 달려 있음을 보라"라는 『화엄경』의 구절에서 연원했다고 한다. 시인은 고희古稀에 이르러 더욱 깊고 그윽하게 산을 바라보는데, 이때 깊고 그윽한 것은 '산'의 속성이기도 하지만 동시에 그것을 바라보는 '마음'의 상像이기도 하다. 그야말로 '심중유산'인 셈이다. 그러니 날갯짓하는 산새나 초목을 깨우는 계곡 물소리도 '마음' 속의 움직임일지 모르는 일이다. 그것들은 모두 누군가 찾아 헤맬 '산경山景'이기도 하지만, 굳이 산에 들어가지 않아도 눈만 감으면 '누옥'에서도 '마음' 속으로 생생하게 살아오는 풍경이기도 하다. 여기서 새삼 살아오는 마음속 '산경'은 어느새 '산경山經'으로 몸을 바꾸어 '심중유산心中有山'이자 '산중유심山中有心'을 동시에 가능하게 만든다. 이처럼 박호영 시인의 '마음 시학'은 "걸림이 없는 마음을 지닌 자만이/ 구름 속을 날고 있는/ 새들의 자유를 본다"(「무애無碍」)는 생각이나 "빛이 없을 때/ 어둠이 빛을 떠받치니/ 빛은 더욱 밝아져/ 나의 마음을 비춘다"(「황홀恍惚」)는 감각으로 편재화한다. 융융한 자각과 넉넉한 수용의 순간이 그 안에서 출렁이고 있다.

> 가난하게 사는 사람들을 생각한다
> 그들이 가난한 가운데서도 웃음을 잃지 않고
> 선한 눈빛으로 세상을 보는 모습을 생각한다
> 가난하지만 또 다른 가난을 도우려는
> 그 눈물겹도록 아름다운 마음씨를 생각한다

그들이 모여 사는 가난한 마을을 생각한다
산이 마을을 감싸 삶의 추위를 막아주고
인정仁情의 강이 끊임없이 흐르는
가난하지만 결코 가난하지 않은
그 마을의 여유와 행복을 생각한다
-「가난한 마을의 사람들」 전문

그 옛날 부처께서 길을 가다가
어느 곳을 가리켜 절을 짓고 싶다 하니
거기에 풀 한 포기 꽂으며
절을 다 지어놓았다고
응수한 이도 있었다는데
하기야 절이 어디 따로 있는 것인가
마음 안에 절이 있으면
수시로 그 절을 드나들며
불공을 드릴 수 있는 것이요
마음 밖에서는 절뿐만이 아니라
어떤 화려한 집도 집이 아닌 것이니
-「풀 한 포기의 절」 전문

이 두 편의 작품 역시 인간의 '마음'이 얼마나 존재의 중심이 되며 그만큼 소중한 것인지를 투명하게 노래한다. 앞의 시편에서 시인은 가난한 마을에 살면서 웃음을 잃지 않고 선한 눈빛으로 세상을 보는 이들의 "그 눈물겹도록 아름다운 마음씨"를 생각한다. 따라서 "산이 마을을 감싸 삶의 추위를 막아주고/ 인정의 강이 끊임없이 흐르는" 그 마을은 "가난하지만 결코 가난하지 않은" 곳이고, 오히려 "여유와 행복"을 생각하게끔 해주는 곳이다. 백석의 절창 「흰 바람벽이 있어」의 "하늘이 이 세상을 내일 적에 그가 가장 귀해하고 사랑하는 것들은 모두/ 가난하고 외롭고 높고 쓸쓸하니 그리고 언제나 넘치는 사랑과 슬픔 속에 살도록 만드신 것이다"라는 구절을 환기하는 이 시편은, 결국 "가난한 마을의 사람들"이 가장 선하고 아름답고 따뜻한 '마음'을 가진 이들이라는 역설에 도달한다. 그 안에는 "남을 먼저 생각하는/ 순수하고 따뜻한 문안問安"(「입춘」)이 넘실거린다.

뒤의 작품에서는 부처의 한 행적을 통해 역시 존재론적 기원으로서의 '마음'의 상을 노래한다. 부처께서 길을 가다가 절을 짓고 싶다고 하자 "거기에 풀 한 포기 꽂으며/ 절을 다 지어놓았다고/ 응수한 이"는 바로 '마음'의 중요성을 간파한 사람이었을 것이다. 또한 "마음 안에 절이 있으면/ 수시로 그 절을 드나들며/ 불공을 드릴 수 있는 것이요/ 마음 밖에서는 절뿐만이 아니라/ 어떤 화려한 집도 집이 아닌 것이니"라고 "풀 한 포기의 절"을 노래한 '시인 박호영'도 '마음'의 궁극성을 깨달아 안 이라고 할 수 있을 것이다. 그렇게 시인은 고유한 '마음 시학'을 통해 스스로 "법신法身과 법음法音을/ 만나"(「겨울 두타산」)는 것이다.

불가에서는 무수한 경계를 지워버린 마음을 '무위심無爲心'이라고 한다. 일체의 분별이나 호불호好不好가 사라져버린 마음의 차원을 가리키는 것일 터이다. 어떤 형상도 짓지 않는 이 청정 상태가 바로 자비의 마음을 일으키는 상태가 되는데, 이는 바로 진공묘유眞空妙有의 빛을 새롭게 발할 수 있는 존재 조건으로 화하기도 한다. 박호영 시인이 발견하고 노래한 '마음'은 이렇듯 깨끗하고 아름다운 힘에 의해 감싸인 우주적 거처가 된다. 그래서 우리는 시인이 노래하는 '마음'을 통해, 일차적으로는 시인 자신의 청정한 속마음을 만나는 것이지만, 궁극적으로는 인간 존재의 기원이자 궁극으로서의 '마음'이라는 거대한 표상을 경험하게 되는 것이다.

3. 사라짐의 예감 속을 관류하는 사랑의 역설

우리가 잘 알듯이, 모든 사물이나 현상은 일정한 시공간 속에 머물다가 그 유한성으로 말미암아 결국은 이울고 사라져간다. 다시 말해 그 어떤 사물이나 현상도 그저 어떤 곳에 순간적으로 존재했던 것에 지나지 않는다. '영원성eternity'이라는 것이 시간적 구속 자체가 없는 지속성을 뜻한다고 할 때 영원한 것은 하나도 없는 셈이다. 따라서 '영원성'이란 그리움의 대상이 되는 사물과 현상에 대해 우리가 사후적事後的으로 부여하는 상상적 존재 형식일 뿐이다. 서정시에서 이러한 영원성에 대한 갈망을 발견하는 것은 그리 어려운 일이 아니다. 물론 이러한 지향과 대척점에서 일종의 해체와 아이러니의 미학이 활발하게 점증되고 있는 것을 부정하기는 어렵지만, 서정시가 본래적으로 가지는 '영원성'에 대한 탐구 의지는 여전히 완강한 속성을 지닌 채 나타나고 있기 때문이다. 박호영 시인은 영원성을 직접적으로 발화하지 않고 사물이나 현상이 지나간 흔적을 매개로 하여 탐색하는 미학적 특성을 보여준다. 말하자면 물리적 유한성을 가진 사물이 사라진 이후에 남는 잔상에 자신의 마음을 이입함으로써 서정시의 근원 지향적 속성을 충족하는 것이다. 다음 작품을 한번 읽어보자.

달이 이 강 저 강 빛을 뿌리고 있다
가뭄에 물줄기가 약해진 샛강에도
어김없이 달빛은 뿌려진다

달의 공덕을 받은 강들은
이 세상 어둠을 헤치며
바다에 다다를 때까지 웅얼거린다

모든 것은 언젠가 스러진다고
스러진 속에서 다시 태어난다고
저 나름의 설법을 하고 있다

우리의 손이 닿을 수 없는 곳에서
시방 강물의 소리를 들으며
달은 밝게 웃고 있다
–「월인천강月印千江 1」 전문

'월인천강'은 부처가 세상에 몸을 바꾸어 태어나 중생을 교화함이 달이 천 개가 넘는 강에 비치는 것과 같다는 뜻으로서, 여기서 '달'은 부처를, '강'은 중생을 비유한다. 이 시편에서도 '달'은 "가뭄에 물줄기가 약해진 샛강"에 빛을 뿌린다. 달빛을 받은 강은 어둠을 헤치며 바다에 이를 때까지 "모든 것은 언젠가 스러진다고/ 스러진 속에서 다시 태어난다고" 스스로의 설법을 웅얼거린다. 초월적 존재로서의 '달'은 그러한 강물 소리를 들으면서 밝게 웃고 있을 뿐이다. 모든 것이 흘러가고 사라져가지만 '달빛'이라는 은유를 통해 항구적으로 다시 태어나는 이 존재 소멸과 생성의 역설적 드라마야말로 박호영 시인이 다다른 존재론적 인식의 한켠을 환하게 보여주는 실례일 것이다. 그런 인식을 따라 시인은 "죽음이란 없는 것/ 다만 다른 삶의 길이 있을 뿐"(「터럭 한 잎 걸머지고-故 최명길 시인에게」)이라고 노래할 수 있었고 "당신은 항상 그 자리에 계신데/ 나만 헤매고 있었습니다"(「월인천강 2」)라고 고백할 수 있었을 것이다. 다음은 어떠한가.

벚꽃 떨어지고 있다

소리 없이 가는 하얀 적멸

한 순간의 삶에도 아무 미련 없으니

땅 위에 누운 모습마저 아름답다
—「아름다운 적멸寂滅」 전문

누구도 들어서지 않은
눈 내리는 숲길을 걸어간다
순백의 화판花瓣에 낙인을 찍듯
걸음마다 어지러운 발자국을 남긴다
얼마 후 뒤를 돌아보니
펄펄 내리는 눈이
염치없는 나의 회사繪事를 덮어
지나온 흔적 하나 없다
눈은 나더러 마음 쓰지 말고
그냥 앞만 보고 걷기나 하라 한다
—「눈길을 걸으며」 전문

뭇 존재자들의 필연적 소멸을 노래하면서도 항구적으로 남을 새로운 존재 방식을 담아낸 이 작품들 역시 박호영 특유의 '미음 시학'의 변주일 것이다. 벚꽃의 낙화 과정을 바라보는 시인은 그 "소리 없이 가는 하얀 적멸"의 한 순간에 "땅 위에 누운 모습마저 아름답다"라는 해석을 내놓는다. 이 짧은 발화 속에 깃들인 “아름다운 적멸”의 순간이야말로 존재 소멸과 존재 각인이라는 모순의 통일이 이루어지는 영원성의 시간이기도 할 것이다. 그런가 하면 시인은 인적 없는 숲의 눈길을 걷다가 “순백의 화판에 낙인을 찍듯” 남긴 자신의 발자국들을 돌아보면서 내리는 눈이 그것들을 모두 덮어 “지나온 흔적 하나” 남기지 않은 것을 발견한다. 내리는 눈은 마음 쓰지 말고 그저 앞만 보고 걸으라면서 “염치없는 나의 회사를 덮어”주는 것이다. 여기서 ‘회사’는 ‘회사후소繪事後素’에서 연원하는데, 이는 그림 그릴 때 ‘흰 바탕’이 중요하다는 말로서, 본질이 있은 후에 꾸며야 한다는 뜻을 담고 있다. 공자는 『논어』에서 사람도 이와 같이 바탕을 잃지 말고 보이지 않는 본질을 관찰해야 한다고 강조한 것이다. 박호영 시인은 흔적 하나 남기지 않고 내리는 눈을 통해, 사라짐으로써 남는, 지워짐으로써 각인되는 영원성의 역설을 노래한다. “있는 것 항시 있을 수 없고/ 없는 것 언제나 없는 것 아니다”(「중도中道」)라는 생각과, “빛이 있기에 그림자도 있는 것이며/ 나 아닌 자들이 있기에 내가 있는 것”(「경계 허물기」)이라는 사유 방식이 모두 한줄기에서 딸려 나오는 것이다. 그만큼 박호영 시인은 이번 시집에서 “나의 밖에도 도처에 내가 있음”(「네 모습이 내 모습임을」)을 생각하고 "좀 더 먼 곳을 바라보게 되는 시간"(「겨울의 길목에서」)을 충실하게 가진다.

원래 서정시는 진솔한 자기 고백과 확인을 일차적 창작 동기로 삼는 예술 양식이다. 그것은 시인 자신의 성찰과 다짐을 매개로 하여 언표되게 마련이고, 그 저류에는 시인이 오랫동안 겪어온 경험 가운데 깊은 기억의 층이 새겨져 있을 수밖에 없다. 그 지층에서 시인은 회상과 예감의 능력을 보여주면서, 현실적 질서보다는 상상적 질서의 구축 과정을 선명하게 보여준다. 박호영 시인은 부재와 존재의 변증법이라고 부를 만한 역리逆理의 사유에 기대어, 우리 삶에서 문득 찾아오는 떠남과 이별과 사라짐의 예감을 수락하고 받아들이는 과정을 섬세하고 아름답게 보여준다. 그래서 모든 관계들이 원천적으로 소멸해갈 것 같은 예감에도 불구하고, 그 관계들에 대한 지극한 사랑의 마음을 발화하고 있는 것이다. 말하자면 떠남과 이별과 사라짐을 예감한 한 시인의 육신을 관류하는 사랑의 역설逆說이 이번 시집의 외관이자 핵심 내질內質이 되는 셈이다.

4. 존재자들의 그늘과 새로운 상상적 질서

시집 『저 너머』는 어떤 근원을 향한 상상력과 언어가 견고하게 합일된 화폭으로 우리에게 다가온다. 박호영 시인은 우리가 무심하게 지나칠 수 있는 삶의 표면을 뚫고 들어가 그 이면에 흐르는 심층의 진실을 탐사하고 표현한다. 또한 자신이 겪어온 삶에 충만해 있는 어떤 신성하고 근원적인 힘에 대해서도 노래한다. 궁극적 존재라고 부를 만한 그 초월자는, 앞에서 읽은 '달'처럼, 인간의 보편적이고 근원적인 존재 형식을 묻고 또 묻는 존재이다. 이때 박호영의 시는 지나간 시간에 대한 인생론적 노래이면서 동시에 신성한 존재를 통해 알게 되는 새로운 시간에 대한 균형의 노래로 새롭게 등극한다. 아닌 게 아니라 박호영의 시를 읽노라면 우리 마음에는 잔잔하게 기울어가는 저녁 호숫가가 떠오른다. 그곳에는 한낮의 격정을 가라앉힌 그늘이 황혼의 기미를 동반한 채 깊은 아우라에 감싸여 있다. 그것은 소멸의 필연성을 증언하면서도 한편으로 그 안에 새로운 질서에 대한 열망을 잉태하고 있는 것이다. 황혼의 시간에 이울어가는 존재자들의 그늘과 거기서 예외 없이 솟아나는 새로운 상상적 질서를 한번 만나보도록 하자.

인적 드문 공원의 오후
허름한 차림의 한 노인이
비둘기에게 모이를 주고 있다
일행을 잃었는지 비둘기도 홀로이다
비둘기는 모이보다는
노인의 외로움을 쪼아 먹는 것 같다
오래도록 노인 곁을 떠나지 않는다
노인도 그런 비둘기가 좋은지
모이 주기를 공양하듯 한다
서로의 보살핌이 수묵화 한 폭이다
저녁 어스름도 이들을 위해
천천히 내려앉고 있다
—「따뜻한 고독」 전문

이 외롭고 높고 쓸쓸한 삽화는 삶의 불가피한 한순간을 선명하게 인화해준다. '오후'라는 시간이나 "인적 드문 공원"이라는 공간은 모두 "허름한 차림의 한 노인"을 환기하는 물리적 등가물일 것이다. 노인이 모이를 주는 '비둘기'는 "노인의 외로움을 쪼아 먹는 것"처럼 노인 곁을 떠나지 않고, 노인도 공양하듯 비둘기에게 모이를 준다. 이 호혜적 보살핌을 두고 시인은 "수묵화 한 폭"이라고 규정한다. 그리고 천천히 내리는 "저녁 어스름"도 이들의 따뜻한 고독을 위한 것이라고 노래한다. 이처럼 사라짐 직전의 눈부신 고독이 새겨지는 과정을 노래하는 박호영의 시는, 비록 "주위의 모든 것들/ 얼마 안 있어 형체가 없어질 도반道伴"(「심지心地」)일지라도 "한 개의 작은 먼지 속에도/ 시방세계가 들어 있"(「슈퍼문 소동」)는 것처럼 우리가 미처 보지 못하는 삶의 따뜻함이 언제나 어디서나 존재한다는 믿음을 준다.

지나간 것들은
내게서 떠난 것이 아니다
푸르게 우뚝 선 고향의 미류나무
어릴 적 신나게 내달리던 신작로
사랑하던 소녀 집의 풍금 소리
몇십 년 전 나를 들추어보면
이런 고운 추억의 입자들이
먼지를 풀풀 털고 일어서는데
어찌 지난 것들이 떠나갔다고 할 수 있으랴
그들은 이 세상 건너편에 있는 것이다
오래잖아 돌아올 나를 기다리는 것이다

이제 곧 어둠이 내릴 것 같은
저녁의 끄트머리에 나는 홀로 서 있다
그들과의 만남을 생각하며
정녕 외롭지 않은 채로
–「황혼 속의 추억」 전문

그러한 일관된 역리에서는 "지나간 것들은/ 내게서 떠난 것이 아"닐 수밖에 없다. 오히려 지나간 것들에 대한 추억은 "푸르게 우뚝 선 고향의 미류나무"나 어릴 적 "사랑하던 소녀 집의 풍금 소리"처럼 오랜 세월을 격해서도 "고운 추억의 입자들이/ 먼지를 풀풀 털고 일어서는" 것처럼 선명하지 않은가. 그러니 "어찌 지난 것들이 떠나갔다고 할 수 있"겠는가. 그네들은 사라진 것이 아니라 다만 "이 세상 건너편에 있"을 뿐이다. "오래잖아 돌아올 나를 기다리"며 곧 어둠이 내릴 "저녁의 끄트머리에" 홀로 서서 시인은 "정녕 외롭지 않은 채로" 황혼 속의 추억을 톺아 올리고 있다. "바람처럼 물처럼/ 세월의 흐름에 몸을 맡기는 것/ 그것이 자연의 한 티끌로 돌아가는 길"(「한 티끌의 삶」)이면서도 "본래면목本來面目의 나"(「나를 만나보셨는지요」)를 만나는 길이 되어주기 때문이다. 존재자들의 그늘에 이처럼 따뜻한 상상적 질서가 움터오는 것을 발견하면서 시인은 "떠나지 않는 것이/ 가장 멀리 떠나는 것"(「여행」)임을 노래한다.

생각해보면 사라져가는 것들은 흩어져 있던 것들을 다시 모으기도 하고, 존재와 부재의 경계나 사랑과 미움의 경계를 넘어 그것들이 서로 새롭게 마주 설 수 있게 하는 역설적 힘으로 다가오기도 한다. 박호영 시인은 소멸이나 죽음이 관계와 기억을 단절하는 지점이 된다고 하더라도, 그것이 새로운 존재론을 구성하는 힘을 가지고 있다는 엄연한 이치를 강조한다. 한 걸음 더 나아가 사라짐이야말로 가장 장엄한 아름다움을 보여주는 것이며 사람들로 하여금 헤어짐의 끝에서 꽃을 피우게끔 하는 힘임을 역설한다. 그가 정성스럽게 쌓아온 "한 줄 나이테를 더한 중량"(「숲의 월동越冬」)이 그러한 힘을 가능케 했을 터이다. 그래서 시인은 사라짐이라는 것이 지각 가능한 것들을 원천적으로 배제한다 하더라도, 모든 것을 새로운 실존적 사건으로 바꾸어간다는 사실을 힘주어 강조하는 것이다.

5. 근원에 대한 열망과 형상적 추구

나아가 박호영 시인에게 사라짐의 물리적 현상인 '죽음'은 자유로운 영혼의 역설적 진원지가 되어준다. 죽음을 환기하는 모든 상관물은 불모와 폐허의 세계로부터 벗어나 근원적인 자유로움을 탐구해가는 시인의 열정과 소망을 잘 드러낸다. 박호영의 시가 삶의 고유한 실존을 아름답게 표상하면서도 그것을 죽음이라는 불가피한 사건을 통해 바라보려 하는 것도 이러한 미학적 자의식 때문일 것이다. 시인은 자신의 내면에 있는 고요한 문양들을 들여다보면서 그 안에 차분하게 가라앉아 있는 죽음의 필연성과 그 '너머'에 존재할 자유로움을 동시에 상상한다. 이는 이번 시집의 확연한 진경이 아닐 수 없는데 이때 '너머'를 향한 미학적 응집력은 시인으로 하여금 뭇 생명의 존재 형식을 가장 근원적인 형상으로 파악하게끔 하는 역량을 부여한다. 그 점에서 시인이 견지하는 '너머'의 차원은 서정시가 끝없이 우리의 삶을 탈환하고 근원에 대한 열망과 형상적 추구를 새롭게 하도록 하는 세계임을 거듭 확인해준다.

산 너머 산이라고 했던가

내가 넘어야 할 산이 끝이 없네

건너야 할 강도 그 수효가 몇인지
연달아 내 앞을 가로막네

그러나 가야 하는 마음을
결코 접을 수 없는 곳

저 너머
-「저 너머 1」 전문

이번 시집의 표제작이기도 한 이 시편은, 삶과 죽음을 갈라놓은 '산'과 '강'의 이편과 저편을 바라보면서, 떠나고 남는 '죽음'과 '삶'이 사실은 하나의 강렬한 형이상학적 전율 속에 함께 존재하는 것임을 노래한다. "산 너머 산"이라는 말에서 시인은 "내가 넘어야 할 산이 끝이 없"음을 확인한다. 그런가 하면 너무 많은 "건너야 할 강"도 연달아 앞을 가로막고 있다. 어쩌면 "가야 하는 마음을/ 결코 접을 수 없는 곳"이 바로 "저 너머"인지도 모른다. 그러나 한편으로는 "이곳보다 훨씬 좋을 저 너머의 믿음은/ 허기와 고통을 견뎌내게 했고/ 아름다운 꿈을 꾸게 했고/ 내일을 기다리며 사는 힘이 되었다"(「저 너머 2」)지 않았던가. 박호영 시인은 다른 작품에서 "예전에 고승들이 바라던/ 천화"(「천화遷化-故 강월도 작가에게」)의 순간을 담아내기도 했는데, 이 모든 것이 궁극적으로 "죽음은 또 다른 새로운 삶의 시작이라는/ 그 말을 하고"(「어느 문병問病」) 있는 것이다.

이제 몇 해 지나지 않으면 마음먹은 대로 해도 좋다는 나이가 되는데, 집 안을 둘러보니 살아오는 동안 늘어난 짐들이 너무나 많다. 세간살이를 버릴 줄 알아야 세간世間을 벗어날 수 있는 것인데, 한순간 머물다 떠나는 이 땅에서 이 무슨 미망迷妄이던가. 마음을 헤아리고 비우면 저세상에서도 편히 살 수 있다고 하거늘.

—「세간世間의 늪」 전문

어느 고승의 말씀처럼
사람의 목숨이 호흡 사이에 있거늘
늘 우리 곁에 있는 죽음을 두고
재물을 내세우고 좋은 집을 자랑하는
어리석음을 저질러선 안 된다
우리가 어제 머무른 곳이

쪽방이건 고대광실이건
어제의 빈부貧富는 이미 지나간 것
오늘을 맞이하는 우리는 모두 평등하다
또한 오늘도 순식간에 어제가 된다
그러므로 우리가 정작 할 일이란
어제를 무사히 보낸 것에 감사하고
우리 앞에 오늘이 놓인 것을
겸허히 받아들이는 것이다
이 세상 삶의 안식과 평화는
그렇게 하루하루를 보내는 자의 몫이다
-「삶의 수칙守則」 전문

시인은 "세간의 늪"을 건너면서 나이 들수록 "살아오는 동안 늘어난 짐들이 너무나 많다"는 것을 느낀다. 그야말로 "세간살이를 버릴 줄 알아야 세간世間을 벗어날 수 있는 것"임을 자각하는 것이다. 시인은 그렇게 늘어난 짐이 "한순간 머물다 떠나는 이 땅에서" "무슨 미망"처럼 남아 있음을 느끼고, "마음을 헤아리고 비우면 저세상에서도 편히 살 수 있"음에 상도想到한다. "수미산이 아무리 높아도/ 하늘 아래에 있고/ 하늘은 콧구멍 속의 미진微塵"(「콧구멍을 들여다보지 못하네」)에 불과한 것인데 그저 그런 것을 모으기만 했던 삶을 반성적 준거로 삼고 있는 것이다. 그런가 하면 시인은 "사람의 목숨이 호흡 사이에 있"다는 고승의 말씀을 떠올리면서 "우리 곁에 있는 죽음을 두고" 쌓아온 것들을 자랑하는 어리석음을 경계한다. "우리가 어제 머무른 곳"은 이미 지나간 것이고 '오늘'만이 우리에게 평등하게 찾아온다. 그렇게 우리는 감사와 겸허로 그러한 삶의 순리를 받아들여야 한다. 여기에는 "범사에 감사하라는 하느님의 뜻을/ 새삼 가슴에 되새기는 행복한 아침"(「감사하기에 행복합니다」)을 맞으면서 "새삼 모든 일이 우리의 뜻이 아니고/ 그분의 뜻임을 깨닫는"(「여름의 끝머리에서」) 기독교적 사유도 결정적으로 개입한다. 박호영의 시적 사유에는 이처럼 편폭이 넓은 종교적 사유가 관통하고 있으며 그러한 사유에 의한 "순수의 결정結晶"(「눈물」)이 들어 있다. 그렇게 그가 노래하는 "삶의 수칙"은 "삶의 안식과 평화는/ 그렇게 하루하루를 보내는 자의 몫"이라는 것으로 귀결되어간다. 어쩌면 그것은 "순명順命의 삶"(「아뉴스 데이Agnus Dei」)의 다른 이름이기도 할 것이다.

불가에서는 언어를 통해 진리를 계시할 수 없다고 강조한다. 이는 현묘한 진리의 세계에 대한 가없는 신뢰를 드러내는 역설적 표현일 것이다. 박호영의 시는 인간이

가진 보편적 욕망과 숙명에 대해 노래한 형상으로 우리에게 다가오지만, 불가적 사유와 감각을 깊이 있게 추구하면서 사물과 내면의 관계론적 사유를 근원적 지점까지 굴착해 들어간 형이상의 세계로 각인될 것이다. 앞으로 쓰일 박호영 시편도 이러한 속성을 점증해갈 것이다. 그리고 그러한 근원에 대한 열망과 형상적 성취가 우리가 기대하는 박호영 시학의 앞으로의 몫이기도 하다.

6. 그 '너머'를 상상할 수 있는 새로운 시간

이번 시집은 박호영 시인 자신에게는 삶과 죽음의 해석 가능성에 대한 항심恒心을 가져다주고, 독자에게는 죽음과 같은 불가항력의 사건에 대한 유연한 사유를 경험케 해줄 것이다. 한없이 흘러가는 시간 속에서 시인 자신도 한곳에 머무르지 않고 흘러갈 수 있음을 천천히 알려줄 것이다. 『금강경』의 "응무소주應無所住 이생기심而生其心", 곧 "마땅히 머무는 바 없이 그 마음을 내야 한다"라는 지혜처럼, 시인은 무엇에도 집착하지 않는 마음으로 그 어떤 것에도 사로잡히지 않는 차원을 터득해간다. 이때 '머무름住'이란 마음이 어느 한 곳에 집착하는 것을 뜻하는데, 그러한 집착을 지우고 박호영의 시는 시간 저편으로 아득하게 흘러갈 것이다. 그것은 말을 바꾸면, 인간과 삶의 어떤 원형에 가까운 '에덴Eden'의 형상이기도 하다.

결국 우리는 이 정결하고 투명하기 그지없는 시편들을 통해 '너머'를 상상하며 경계를 지워가는 무변의 상상력을 만나게 된다. 사물과 내면, 자연과 인간, 신성과 자유가 삶의 경계에서 새롭게 만나는 시적 승화를 경험하게 된다. 박호영의 시는 이러한 삶의 역설적 이법을 관통하면서 궁극적으로 우리가 가 닿아야 할 실존적 모습을 다양하게 펼쳐낸다. 이때 서정시를 통한 실존적 투사投射가 선연하게 이루어지고, 우리는 박호영 시의 또 다른 축이라 할 수 있는 자기완성의 구도적 열정 또한 만나게 된다. 그 뚜렷한 미학적 결실인 이번 시집은 그가 우리에게 전해주는 정성스러운 위안이자 응원이자 고백일 것이다. 그리고 우리는 그의 따뜻한 전언을 통해 삶의 근원적 아름다움과 불가피한 한계, 그리고 그 '너머'를 상상할 수 있는 새로운 시간을 맞이할 수 있을 것이다.